普通公路安全隐患排查治理指南

弯坡路段篇

公安部道路交通安全研究中心 编

人民交通出版社

北京

内 容 提 要

本书根据近年来普通公路弯坡路段的交通事故特征,从设施设置、路侧环境、道路结构等方面详细阐述了弯坡路段的隐患排查要点与治理措施,辅以典型案例进行解析说明,并以附录形式提供了隐患排查治理工具图表及相关标准规范。

本书可作为公安机关交通管理部门、交通运输部门、公路经营与管养等单位开展公路安全隐患排查治理的技术参考书,也可供高等院校相关专业师生阅读参考。

图书在版编目(CIP)数据

普通公路安全隐患排查治理指南. 弯坡路段篇 / 公安部道路交通安全研究中心编. — 北京:人民交通出版社股份有限公司, 2024.7
ISBN 978-7-114-19543-3

Ⅰ.①普… Ⅱ.①公… Ⅲ.①道路施工—安全管理—指南 Ⅳ.① U415.12-62

中国国家版本馆 CIP 数据核字(2024)第 104261 号

Putong Gonglu Anquan Yinhuan Paicha Zhili Zhinan
——Wanpo Luduan Pian

书　　名:	**普通公路安全隐患排查治理指南——弯坡路段篇**
著 作 者:	公安部道路交通安全研究中心
责任编辑:	杨丽改　姚　旭
责任校对:	赵媛媛
责任印制:	刘高彤
出版发行:	人民交通出版社
地　　址:	(100011)北京市朝阳区安定门外馆斜街3号
网　　址:	http://www.ccpcl.com.cn
销售电话:	(010)59757973
总 经 销:	人民交通出版社发行部
经　　销:	各地新华书店
印　　刷:	中国电影出版社印刷厂
开　　本:	880×1230　1/64
印　　张:	1.5625
字　　数:	40千
版　　次:	2024年7月　第1版
印　　次:	2024年7月　第1次印刷
书　　号:	ISBN 978-7-114-19543-3
定　　价:	25.00元

(有印刷、装订质量问题的图书,由本社负责调换)

编审人员

主　　审：刘　艳　王敬锋

主　　编：柴树山　周志强

编写人员：徐鹏飞　徐炅旸　刘智洋

　　　　　肖鹏飞　刘　君　戴依浇

　　　　　郑金子　王泽旭　姚　疆

　　　　　徐炳欧　朱建安

前言

近年来,我国公路里程保持快速增长,在提升人民生活质量,促进国民经济发展的同时,也带来了交通安全管理问题,特别是普通公路[1]由于道路场景多样、环境复杂、交通冲突多,加之部分道路安全设计不完善、基础交通安全设施缺失,导致普通公路交通事故多发易发。从近几年的统计看,普通公路的交通事故死亡人数占交通事故总死亡人数的一半以上,交通安全风险突出。

---

[1] 依据《公路工程技术标准》(JTG B01—2014),公路分为高速公路、一级公路、二级公路、三级公路及四级公路五个技术等级,除高速公路外,其余技术等级公路统称为普通公路。

普通公路安全隐患排查治理指南
——弯坡路段篇

为有效防范化解普通公路安全风险,推动交通安全治理模式向事前预防转型,提升普通公路安全隐患排查治理成效,公安部道路交通安全研究中心编制了《普通公路安全隐患排查治理指南》,包括《平交路口篇》《弯坡路段篇》《隧道篇》《路侧险要篇》《穿村过镇篇》《不良路段组合篇》《施工路段篇》等,旨在作为工具书,提升普通公路安全隐患排查工作的专业性与规范性,供各地开展普通公路安全隐患排查治理工作参考。

本册为弯坡路段篇,针对普通公路弯坡路段,从设施设置、路侧环境、道路结构等方面详细阐述了弯坡路段的隐患排查要点与治理措施,并辅以典型案例进行解析说明,同时以附录形式提供了普通公路弯坡路段隐患排查对照表、隐患治理措施表、综合治理示意图等工具图表以及与弯坡路段隐患排查治理工作相关的标准规范。

本书在编写过程中得到公安部交通管理局指

导,也得到了安徽、浙江、福建、湖北、重庆、贵州、云南、新疆等地公安机关交通管理部门的支持与协助,同时还参考和引用了同行和前辈的部分研究成果,在此一并表示衷心感谢。

书中内容难免有不足之处,敬请各位读者批评指正。

编　者
2024 年 5 月

目录

第一章 隐患路段界定标准 ·················· 1
  一、线形技术标准 ················ 2
  二、事故多发标准 ················ 6

第二章 排查要点 ···························· 7
  一、设施设置方面 ················ 8
  二、路侧环境方面 ··············· 10
  三、道路结构方面 ··············· 11

第三章 治理措施 ··························· 13
  一、设施设置方面 ··············· 14
  二、土建改造方面 ··············· 23

第四章	典型案例	29
	一、急弯路段治理	30
	二、长下坡路段治理	33
	三、弯坡组合路段治理	36
附录一	隐患排查对照表	43
附录二	隐患治理措施表	45
附录三	综合治理示意图	48
附录四	主要参考标准与规范	50
参考文献		87

第一章

隐患路段界定标准

依据《公路工程技术标准》《公路路线设计规范》《公路交通事故多发点段及严重安全隐患排查工作规范（试行）》等技术标准和规范，对弯坡路段线形技术标准进行核查，对历史交通事故数据进行统计筛查，确定弯坡路段是否属于隐患路段。

一、线形技术标准

1. 急弯路段

公路平面圆曲线半径小于表 1-1 中一般值的路段可纳入急弯路段。

公路平面圆曲线最小半径一般值　　表 1-1

设计速度（km/h）	100	80	60	40	30	20
圆曲线最小半径(一般值)(m)	700	400	200	100	65	30

2. 陡坡路段

（1）公路纵坡大于表 1-2 中最大纵坡值的路段可纳入陡坡路段。

公路最大纵坡　　表 1-2

设计速度（km/h）	100	80	60	40	30	20
最大纵坡（%）	4	5	6	7	8	9

注：改扩建公路设计速度为40km/h、30km/h、20km/h的利用原有公路的路段，最大纵坡可分别增加1个百分点。

（2）四级公路位于海拔2000m以上或积雪冰冻地区的路段，最大纵坡大于8%的可确定为陡坡路段。

（3）长度100m以上隧道洞内纵坡大于3%的，可确定为陡坡路段。

3. 弯坡组合路段

(1) 公路线形具有平面圆曲线(弯道)与纵向竖曲线(纵坡)重叠的公路,公路最大合成坡度值大于表 1-3 中限值的路段。

公路最大合成坡度 表 1-3

公路技术等级	一级公路			二级公路、三级公路、四级公路				
设计速度(km/h)	100	80	60	80	60	40	30	20
合成坡度(%)	10.0	10.5	10.5	9.0	9.5	10.0	10.0	10.0

(2) 当陡坡与小半径平曲线相重叠时,合成坡度大于8%的路段且具有下列情况的路段:

①冬季路面有结冰、积雪的地区;

②自然横坡较陡峻的傍山路段;

③非汽车交通量较大的路段。

(3) 满足下列条件之一的,宜纳入隐患路段:

①急弯与纵坡相重叠的路段、陡坡与弯道相重叠的路段;

②公路线形具有平面圆曲线(弯道)与纵向竖曲线(纵坡)重叠的公路,且沿线及邻近有平交路口或接入口的路段。

4. 长下坡路段

(1)一级公路长下坡,是指平均坡度与连续坡长超过表 1-4 中限值的路段。

一级公路平均坡度与连续坡长　　表 1-4

平均坡度(%)	2.5	3.0	3.5	4.0	4.5	5.0	5.5	6.0
连续坡长(km)	20.0	14.8	9.3	6.8	5.4	4.4	3.8	3.3
相对高差(m)	500	450	330	270	240	220	210	200

注:平均坡度小于2.5%时,坡长不限。

(2)二级、三级、四级公路长下坡路段,是指相对高差为200~500m时,平均纵坡大于5.5%的路段;或者相对高差大于500m时,平均纵坡大于5%的路段;或者任意连续3km路段的平均纵坡大于5.5%的路段。

二、事故多发标准

依据公路弯坡路段一定时间内所发生交通事故的数量及后果（不含毒驾、酒驾等事故）情况，满足下列条件之一时，可界定为事故多发隐患路段：

（1）近3年内，发生1起及以上致人死亡交通事故，且事故的发生与道路因素有关的。

（2）近3年内，发生3起及以上致人伤亡交通事故的。

（3）一定时间内，发生道路交通事故（含简易事故）情况突出的。

（4）公安机关交通管理部门认为存在安全隐患的其他事故多发路段。

第二章

排查要点

普通公路安全隐患排查治理指南
——弯坡路段篇

弯坡路段主要风险因素包括视距不良、车速过快、占道行驶、强行超车、路侧防护不足等，易发生两车相撞、追尾、单车碰撞山体或车辆驶出路外等交通事故，其中长下坡路段车辆需要不断制动控制车速，特别是重载货车长时间使用制动器，极易因制动失效或制动性能下降导致车辆失控引发恶性事故。对弯坡路段进行隐患排查时，可从设施设置、路侧环境、道路结构等方面综合开展。

一、设施设置方面

（1）是否存在急弯路、连续弯路、陡坡、连续下坡，禁止超车、限速等交通标志应设未设情况；长下坡路段是否存在坡长信息告示标志、避险车道警告标志等交通标志缺失、污损情况。

（2）弯道、坡道中心线是否采用黄实线，是否施划道路边缘线；进入弯道前或下坡路段是否设置有纵向或横向减速标线；是否存在标线磨损、夜间反光性能不足等问题。

（3）是否存在交通标志、交通标线提示信息不一致等问题。

（4）是否存在路侧及中央护栏，尤其是路侧险要、下陡坡坡底等关键部位护栏应设未设、损坏、防护能力不足、开口不当等问题；是否存在护栏端头、轮廓标等反光标识缺失、损毁等问题；路侧净区内存在树木、电线杆等障碍物时，是否设置护栏。

（5）是否存在影响视距的障碍物，在障碍物不可移除的情况下是否安装了凸面镜或会车预警系统等补偿视距设施。

（6）凸面镜镜面是否存在污损、老化、安装位置或角度不合理、尺寸规格不符合标准规范要求等问题。

（7）是否存在线形诱导标、轮廓标应设未设、损坏、设置不规范、夜间视认效果不良等问题。

（8）路侧树木、电线杆、固定物等障碍物上是否有立面标记。

二、路侧环境方面

（1）弯道内侧是否存在山体、土丘、房屋、广告牌、植被等遮挡视线的障碍物。

（2）路侧是否存在临水临崖、高路堤、沟渠等险要情况。

三、道路结构方面

（1）是否存在路面抗滑能力不足、路面积水问题。

（2）是否存在车道宽度严重不足、小半径弯道内侧未加宽，导致大型车辆转弯占用对向车道的问题。

（3）上坡路段靠近坡顶处是否存在凸形竖曲线半径过小等造成的视距不良问题。

（4）长下坡或连续下坡末端、中下部等货车制动失效事故易发路段是否设有避险车道。

（5）是否与桥梁、隧道、涵洞、收费站、检查站等特殊路段邻接；沿线是否有路侧开口，是否邻接路口。

第三章

治理措施

普通公路安全隐患排查治理指南
——弯坡路段篇

隐患路段的治理应根据治理的紧迫性，综合考虑公路等级、治理投入与取得的成效、交通构成及运行速度、路侧条件、历史交通事故等，采用以下一种或几种措施。

一、设施设置方面

1. 必要设施

（1）设置警示引导设施：

①隐患路段中心线应施划黄色实线（可使用振动标线），并提前设置禁止超车标志，出弯道和纵坡后配套设置解除禁止超车标志。

②进入隐患路段前应设置急弯路/连续弯路/陡坡/连续下坡等警告标志，其中，急弯路标志应

设置在圆曲线起点前,但不应进入相邻的圆曲线内;连续弯路标志应设置在连续弯路起点前,当连续弯路总长度大于500m时,应重复设置;陡坡标志应设置在纵坡坡脚或坡顶前;连续下坡标志应设置在坡顶前适当位置,若连续下坡总长度大于3km,应重复设置。

长下坡路段前还应设置坡长预告标志,坡中设置长下坡余长、严禁空挡下坡等交通标志。

③对于难以辨别前方线形走向的小半径弯道路段,应设置线形诱导标和(或)轮廓标;视线诱导设施设置困难时,可连续设置示警桩或反光道钉进行交通引导。

其中,线形诱导标应设置在弯道外侧,至少设置3块,设置间距可按表3-1选取,线形诱导标的下缘至路面或路缘石的高度应不低于1.2m;弯道路段轮廓标设置间距不应大于表3-2的规定,路基宽度、车道数有变化的路段可适当加密。弯道外侧的起止路段轮廓标设置间隔如图3-1所示,图中 S 为弯道路段轮廓标的设置间距,如果两倍或三倍的间距大于50m则取为50m。

线形诱导标设置间距　　　　表3-1

速度（km/h）	71~100	40~70	<40
圆曲线半径（m）	211~380	120~210	<120
设置间距（m）	36~60	20~36	15~20

弯道路段轮廓标设置间距　　　　表3-2

圆曲线半径（m）	≤89	90~179	180~274	275~374	375~999	1000~1999	≥2000
设置间距（m）	8	12	16	24	32	40	48

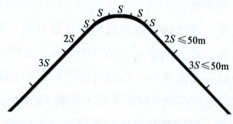

图3-1　弯道路段轮廓标设置示意图

④如果设置了避险车道,应在坡道起点处设置避险车道预告和警告标志。

⑤在山体阴坡路面易结薄冰的路段前,应设置路面易滑/注意路面结冰等警告标志。

弯坡路段部分常用交通标志见图3-2。

a) 禁止超车标志　　b) 解除禁止超车标志　　c) 向左急弯路标志　　d) 向右急弯路标志

e) 反向弯路标志　　　　　　　f) 连续弯路标志

g) 上陡坡标志　　h) 下陡坡标志　　i) 连续下坡标志　　j) 易滑标志

图 3-2

k) 注意路面结冰标志　　l) 事故易发路段标志　　m) 线形诱导标志

n) 避险车道标志　　　　　o) 避险车道预告标志

图 3-2　弯坡路段部分常用交通标志

（2）设置减速控速设施：

①在进入隐患路段前应设置限速标志，连续急弯、事故多发等严重隐患路段的限速值应根据实际情况适当降低，相邻路段的限速差值不宜超过20km/h；驶出隐患路段后应配套设置解除限速标志，但当以另一块不同限速值的限速标志表示前一限速路段结束时，可不设解除限速标志。

②在进入弯道前的路段及下陡坡路段应设置减速标线，建议在一级、二级公路设置振动标线。

其中，长下坡路段沿途结合坡顶、坡中、坡底需求，减速标线可重复、加密设置。弯坡路段部分常用减速控速设施见图3-3。

a) 限速标志　　　　　　b) 解除限速标志

c) 行车道横向减速标线

d) 行车道纵向减速标线

图3-3　弯坡路段部分常用减速控速设施

（3）设置防护设施：

①对于临水临崖、高边坡、路侧有深沟的路侧险要路段，或发生过冲出路外事故的，应在道

路外侧设置护栏,并做好护栏端头处理。

②与桥梁邻接的路段,桥梁两侧应设置护栏,且与路基护栏做好衔接。

③对于双向车道数大于或等于4的大流量二级公路,具备条件的应增设中央分隔带护栏或弹性柱、分道体等中央隔离设施,并在护栏前端设置警示柱或防撞桶等设施。部分常用护栏端头构造形式示例见图3-4。

a) 路侧上游外展埋入式

b) 路侧上游外展圆头式

c) 路侧下游端头

d) 护栏三角端端部结构

图3-4 部分常用护栏端头构造形式示例

④对于路段外侧距离路面较近且有不可移除的树木、电线杆等障碍物的,应设置防护栏,且在障碍物上设置立面标记;当不可移除障碍物影响视距时,还应设置凸面镜、鸣喇叭标志。

2. 可选设施

(1)设置指示引导设施:

在交通量较小,车辆全天保持自由流交通状态的情况下,可采用施划路面标线或路面"标志"的方法向驾驶人提供道路信息。

(2)设置照明设施:

路段照明效果不佳时,可根据道路实际情况安装路灯,提升夜间照明效果。

(3)设置防护设施:

①在交通量较小、以非机动车为主的道路,可因地制宜利用路侧及周边可用资源,设置路侧拦挡设施。

②路段中间带,可根据需要设置相应的防眩设施。

(4)设置科技设施:

①在超速等交通安全违法行为较多的弯坡路段,可根据需求设置车速反馈系统、超速、逆行、违法超车等违法抓拍设备、爆闪灯(配套设置辅助指示说明标志)等。

②在货车制动失效伤亡事故多发的长下坡路段,可增设货车制动安全监测系统。

③在弯道、冲坡等视距不良路段可设置会车预警等声光电预警设施(图3-5),及时发现及警示对向来车,降低迎面相撞事故风险。

第三章 治理措施

图 3-5 急弯路段会车预警系统布设示意图

二、土建改造方面

1. 道路线形改造

（1）对易发生交通事故的小半径弯道进行改造，调整平面线形。

（2）对易发生交通事故的陡坡路段进行改

造,调整纵坡坡度。

2. 道路超高及加宽改造

(1)对于超高不足的弯道路段,可以根据事故资料和弯道设计行车速度,调整路面超高。

(2)二级、三级、四级公路的圆曲线半径小于或等于250m时,应设置加宽。双车道公路路面加宽值应符合表3-3的规定,圆曲线加宽值应根据公路功能、技术等级和实际交通组成确定,并应符合下列规定:

①作为干线的二级公路,应采用表3-3中第3类加宽值。

②作为集散的二级和三级公路,在考虑铰接列车通行时,应采用表3-3中第3类加宽值;不考虑通行铰接列车时,可采用表3-3中第2类加宽值。

③作为支线的三级、四级公路可采用表3-3

中第 1 类加宽值。

④有特殊车辆通行的专用公路,应根据特殊车辆验算确定其加宽值。

双车道公路路面加宽值　　表 3-3

加宽类别	设计车辆	圆曲线半径（m）								
		200~250	150~200	100~150	70~100	50~70	30~50	25~30	20~25	15~20
第 1 类	小客车	0.4	0.5	0.6	0.7	0.9	1.3	1.5	1.8	2.2
第 2 类	载重汽车	0.6	0.7	0.9	1.2	1.5	2.0	—	—	—
第 3 类	铰接列车	0.8	1.0	1.5	2.0	2.7	—	—	—	—

注:单车道公路路面加宽值应为规定值的一半。

3. 路面材料改造

在山体阴坡路面结薄冰的路段,可设置粗集料薄层铺装,也可采用防凝冻新型路面材料,防范路面湿滑风险。

4. 移除通视障碍物

弯道路段内侧通视区内的山体、土丘、房屋、电线杆、植被等遮挡视线的障碍物，能移除的应予移除，确保视距区域通透。

5. 设置避险车道及爬坡车道

（1）在长下坡路段的坡中或坡底等易因制动失效引发事故的路段，可根据地形条件科学增设避险车道。

（2）四车道一级公路以及二级公路连续上坡路段，载重汽车较多且爬坡困难时，可根据需要设置爬坡车道，分离大型货车及客车。

6. 与路口邻接时的改造

（1）陡坡路段搭接路口处，可做滑坡处理。

（2）长下坡路段中间开设的路口、长下坡结束段开设的路口，能封闭的应予以封闭。

7. 高风险设施的迁移或改造

对于弯坡隐患路段范围内或邻接的公交站、校车停靠点、加油站、燃气管道等重要设施,应予以迁移或改造,避免车辆冲撞后造成严重事故后果。

8. 路肩及边沟整治

(1)非路侧险要路段,有条件的可放缓边坡、拓宽路肩。

(2)在能满足排水要求的情况下,可将路侧边沟改造为浅边沟,V形边沟可改为浅蝶形边沟,也可增设盖板。

第四章

典型案例

一、急弯路段治理

示例 1：

主要隐患情况：弯道内侧受山体与树木遮挡，视距不良；路面磨损严重，摩擦因数较低，事故多发。

主要治理措施：清除弯道内侧山体和遮挡视线的树木；重新铺筑路面，设置路面防滑、减速标线及路侧防护墙等设施；在弯道处施划黄色中心单实线，并在弯道前方设置禁止超车标志与限速标志。治理前后对比如图 4-1 所示。

第四章 典型案例

a) 治理前

b) 治理后

图 4-1 采取清理视距、减速控速、路侧防护等措施

示例2：

主要隐患情况：路段沿线弯道多，车流量较大，且行车速度较快，事故风险较大。

主要治理措施：路面设置振动标线，路面标志结合路侧警告标志提示驾驶人谨慎行驶；有翻坠风险的弯道处设置加强型波形梁钢护栏或加固防撞墙。相关治理示例如图4-2、图4-3所示。

a) 治理前

b) 治理后

图4-2 警告标志与路面标线组合及设置防撞墙

第四章 典型案例

a) 治理前

b) 治理后
图 4-3 设置波形梁护栏

二、长下坡路段治理

主要隐患情况：在车辆超载、超速风险较高

的长下坡路段，坡底道路外侧为民房，且路侧防护能力不足，车辆冲出路外后，事故后果严重。

主要治理措施：在长下坡路段坡顶设置科技治超点、区间测速设备；增设避险车道，解决车辆失控无法避险问题；设置限速等交通标志，在下坡方向设置减速标线，坡底两侧及中央设置水泥防撞护栏，如图 4-4~图 4-6 所示。

图 4-4　增设避险车道

第四章 典型案例

图 4-5 坡顶设置区间测速设备

图 4-6 设置减速标线及防撞护栏

三、弯坡组合路段治理

示例 1：

主要隐患情况：道路线形复杂，坡度大，弯道急，部分路段为临崖险要路段；道路轮廓边界不清，主路无振动标线和相关警示提示标志；照明设施缺乏，夜间道路视认性差。

主要治理措施：路面加密施划振动标线，控制车速；增加警告标志，提醒驾驶人减速慢行、安全驾驶；弯道处增加道路线形诱导标，提高道路视认性，并通过加密设置路灯，提高道路能见度。相关治理措施如图 4-7、图 4-8 所示。

第四章　典型案例

a) 治理前

b) 治理后

图 4-7　升级路侧防护、加密施划振动标线

图 4-8　弯道处加密设置路灯提高夜间视认性

示例2：

主要隐患情况：下坡弯道路段，车速较快，未设置中央隔离设施及相关警告标志，车辆容易驶入对向车道；沿线与支路相交，且路口处设置有公交站，行人集中，但缺少行人过街设施及相关警告标志。

主要治理措施：主路增设安全提示设施，弯道路段两端设置限速及解除限速标志、禁止超车及解除禁止超车标志，调整车道分隔线虚线为实线，弯道设置线形诱导标，增设振动标线；主路设置中央隔离护栏及轮廓标，护栏两端设置防撞桶及靠右行驶标志；沿线路口增设交叉路口警告标志，支路设置停车让行标志、标线及减速丘；路段设置斑马线、人行横道标志，提高行人过街安全性，如图4-9~图4-12所示。

第四章 典型案例

a) 治理前

b) 治理后

图 4-9 增设中央隔离、完善端头防护

a) 治理前

b) 治理后

图 4-10　完善线形诱导标

a) 治理前

b) 治理后

图 4-11 沿线与支路相交路口

a) 治理前

b) 治理后

图 4-12 邻接公交站行人过街安全治理

附录一 隐患排查对照表

弯坡路段隐患排查对照表　　附表 1-1

隐患排查方面	主要排查内容	是	否
设施设置	是否存在急弯路、连续弯路、陡坡、连续下坡，禁止超车、限速等交通标志应设未设情况		
	长下坡路段是否存在坡长信息告示标志、避险车道警告标志等交通标志缺失、污损情况		
	弯道、坡道中心线是否采用黄实线		
	是否施划道路边缘线		
	在进入弯道前或下坡路段是否设置有纵向或横向减速标线		
	是否存在标线磨损、夜间反光性能不足问题		
	是否存在标志、标线提示信息不一致问题		
	是否存在路侧及中央护栏应设未设、损坏、防护能力不足、开口不当等问题		
	是否存在护栏端头、轮廓标等反光标识缺失、损毁等问题		
	路侧净区内存在树木、电线杆等障碍物时，是否设置护栏		

续上表

隐患排查方面	主要排查内容	是	否
设施设置	是否存在影响视距的障碍物，在障碍物不可移除的情况下是否安装了凸面镜或会车预警系统等补偿视距设施		
	凸面镜镜面是否存在污损、老化、安装位置或角度不合理、尺寸规格不合标等问题		
	是否存在线形诱导标、轮廓标应设未设、损坏、设置不规范、夜间视认效果不良等问题		
	路侧树木、电线杆、固定物等障碍物上是否有立面标记		
路侧环境	弯道内侧是否存在山体、土丘、房屋、广告牌、植被等遮挡视线的障碍物		
	路侧是否存在临水临崖、高路堤、沟渠等险要情况		
道路结构	是否存在路面抗滑能力不足、路面积水问题		
	是否存在车道宽度严重不足、小半径弯道内侧未加宽，导致大型车辆转弯占用对向车道的问题		
	上坡路段靠近坡顶处是否存在凸形竖曲线半径过小等视距不良问题		
	长下坡或连续下坡末端、中下部等货车制动失效事故多发路段是否设置避险车道		
	是否与桥梁、隧道、涵洞、收费站、检查站等邻接		
	沿线是否有路侧开口，是否邻接路口		

注：根据排查情况在对应的单元格内打"√"。

附录二 隐患治理措施表

弯坡路段隐患治理措施选用表　附表 2-1

隐患治理方面	隐患治理主要措施		推荐程度
设施设置	警示引导设施	中心黄色实线	√
		禁止超车及解除禁止超车标志	√
		急弯路/连续弯路/陡坡/连续下坡、减速慢行、长下坡余长、严禁空挡下坡等警告标志	√
		线形诱导标和(或)轮廓标	△
		避险车道预告和指示标志	△
		路面湿滑警告标志	△
		路面指示标志/标线	○
	减速控速设施	限速标志及解除限速标志	√
		减速标线	√
	防护设施	路侧护栏	△
		中央隔离设施	△
		凸面镜	△
		中间带防眩设施	○
	照明设施	路灯	○

续上表

隐患治理方面		隐患治理主要措施	推荐程度
设施设置	科技设施	预警科技设施	○
		车速反馈系统、违法抓拍设备	○
		爆闪灯及其辅助提示说明标志	○
		货车制动安全监测系统	○
土建改造	道路线形改造	小半径弯道改造，调整平面线形	○
		陡坡路段改造，调整纵坡度	○
	道路超高及加宽改造	调整路面超高值	○
		小半径弯道圆曲线加宽	○
	路面材料改造	粗集料薄层铺装或采用防凝冻新型路面材料	○
	移除通视障碍物	移除通视区内的山体、土丘、房屋、电线杆、植被等遮挡视线的障碍物	△
	设置避险车道及爬坡车道	增设避险车道	○
		设置爬坡车道	○
	与路口邻接时的改造	陡坡路段搭接路口处进行滑坡处理	○
		封闭长下坡路段中间开设的路口、长下坡结束段开设的路口	△

附录二 隐患治理措施表

续上表

隐患治理方面	隐患治理主要措施		推荐程度
土建改造	高风险设施的迁移或改造	沿线或邻接公交站、校车停靠点、加油站、燃气管道等重要设施迁移或改造	√
	路肩及边沟整治	放缓边坡、拓宽路肩	○
		设置浅边沟、浅碟形边沟或增设盖板	○

注：表中"√"表示必要措施，"△"表示有条件的必要措施，"○"表示可选措施。

附录三 综合治理示意图

附图 3-1 急弯路段综合治理示意图

附录三 综合治理示意图

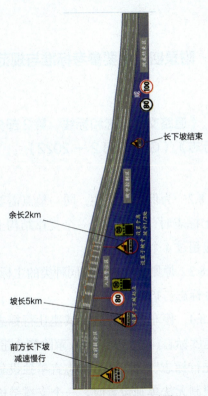

附图 3-2 长下坡路段综合治理示意图

附录四　主要参考标准与规范

1.《道路交通标志和标线　第 2 部分：道路交通标志》（GB 5768.2 — 2022）

4.8.2　为保证视认性，同一地点需要设置两个以上标志时，宜安装在一个支撑结构上，但最多不应超过 4 个。

4.8.3　原则上应避免不同种类的主标志并设，如禁令标志与指路标志。

4.8.4　停车让行标志、减速让行标志、解除限制速度标志、禁止超车标志、解除禁止超车标志、会车先行标志、会车让行标志宜单独设置。如条件受限制无法单独设置时，一个支撑结构上不应

超过两个标志,辅助标志不计。

4.8.5 警告标志不应与停车让行标志、减速让行标志设在一个支撑结构上。警告标志不宜多设。同一地点需要设置两个以上警告标志时,原则上只设置其中最需要的一个。

4.8.6 一个支撑结构上并设的标志应按禁令标志、指示标志和警告标志的顺序从上往下、从左往右设置。

5.27 禁止超车标志(禁30)

表示该标志至前方解除禁止超车标志的路段内,不准许机动车超车,见图52。设在禁止超车路段的起点,根据需要可在禁止超车路段重复设置。有时间、车种等特殊规定时,应用辅助标志说明。如果禁止两种以上(含两种)车辆时,应用辅助标志说明。

图 52 禁止超车（禁 30）

5.28 解除禁止超车标志（禁 31）

表示禁止超车路段结束，见图 53。设在禁止超车路段的终点，标志颜色为白底、黑圈、黑细斜杠、黑图形。此标志应和禁止超车标志（禁 30）配合使用。

图 53 解除禁止超车（禁 31）

5.36 限制速度标志（禁 39）

表示该标志至前方解除限制速度标志或另一

块不同限速值的限制速度标志的路段内,机动车行驶速度[单位为千米每小时(km/h)]不准超过标志所示数值,见图64。图64中数字为示例,表示限制速度为60km/h。限速值不宜低于30km/h。

图64　限制速度(禁39)

5.37　解除限制速度标志(禁40)

表示限制速度路段结束,见图66,图中数字为示例,表示限制速度为40km/h的路段结束。设在限制车辆速度路段的终点。标志颜色为白底、黑圈、黑细斜杠、黑字。解除限制速度标志应和限制速度标志(禁39)配合使用。以另一块不同限速值的限制速度标志表示前一限速路段结束时,可不设此标志。

图 66 解除限制速度(禁 40)

7.3 急弯路标志(警 2)

用以警告车辆驾驶人前方有急弯。见图 141。设计速度小于 60 km/h 的道路上,圆曲线半径小于表 11 规定且停车视距小于表 11 规定时应设急弯路标志。设置位置为圆曲线起点前,但不应进入相邻的圆曲线内。此标志可与"建议速度标志"(警 38)联合使用,示例见图 142。

a) 向左急弯路(警 2-1)　　b) 向右急弯路(警 2-2)
图 141 急弯路(警 2)

图 142　急弯路标志和建议速度标志联合使用示例

表 11　平曲线和停车视距值

设计速度（km/h）	20	30	40
平曲线半径（m）	20	40	65
停车视距（m）	20	30	40

7.5　连续弯路标志（警 4）

用以警告车辆驾驶人前方有连续弯路。见图 146。设计速度小于 60km/h 的道路上，连续有三个或三个以上反向平曲线，其圆曲线半径均小于或有两个半径小于表 11 规定，且各圆曲线间的距离均不大于表 13 规定时设置连续弯路标志。设置位置为连续弯路起点前，当连续弯路总长度大于500m时,应重复设置。此标志可与"建议速度标志"(警38)联合使用,示例见图147;也可与说明连续弯路长度的辅助标志共同使用,示例见图148。

表13 两反向圆曲线间距离值

设计速度(km/h)	20	30	40
两反向圆曲线间距离(m)	40	60	80

a) 警4-1　　　　　　b) 警4-2

图146　连续弯路(警4)

图147　连续弯路标志和建议速度标志联合使用示例　　图148　连续弯路标志加辅助标志示例

7.6 陡坡标志（警5）

用以提醒车辆驾驶人前方有陡坡。见图149。当纵坡坡度大于表14规定时，在纵坡坡脚或坡顶前适当位置设置。纵坡坡度小于表14规定，经常发生制动失效事故的下坡路段也可以根据现场条件设置"下陡坡标志"。可用辅助标志说明陡坡的坡度和坡长，也可将坡度值标在警告标志图形上，示例见图150。

a) 上陡坡（警5-1）　　b) 下陡坡（警5-2）

图149　陡坡（警5）

图150　陡坡标志加坡度值及辅助标志示例

表 14 纵坡坡度值

	设计速度(km/h)		20	30	40	60	80	100	120
纵坡坡度(%)	上坡	海拔 3000m 以下	7	7	7	6	5	4	3
		海拔 3000~4000m	7	7	6	5	4		
		海拔 4000~5000m	7	6	5	4	4		
		海拔 5000m 以上	6	5	4	4	4		
	下坡	—	7	7	7	6	5	4	3

7.7 连续下坡标志（警6）

用以提醒车辆驾驶人前方为连续下坡。见图151。设在连续两个及以上纵坡坡度大于表14规定且连续下坡长度超过3km的坡顶前适当位置。如果纵坡坡度小于表14规定或者连续下坡长度未超过3km，但是经常发生制动失效事故的连续下坡路段也可以根据现场条件设置"连续下坡标志"。当连续下坡总长大于3km后，应重复设置，或以辅助标志表示连续下坡的坡长。

图 151　连续下坡（警 6）

7.41　避险车道标志（警 43）

用以提醒货车驾驶人注意前方道路设有避险车道。避险车道标志汉字高度应符合 4.5.2 的规定。应在避险车道入口前适当位置至少设置 1 块避险车道标志，见图 195。如果条件允许，宜在避险车道前 1km、500m 左右及其他适宜位置分别设置预告标志，示例见图 196。同一处避险车道的警告标志，应采用同一种版面形式。

a）警 43-1　　　b）警 43-2
图 195　避险车道（警 43）

图 196　避险车道预告标志示例

7.44　线形诱导标（警 46）

7.44.1　用以引导行车方向，提醒驾驶人谨慎驾驶，注意前方线形变化。见图 199。线形诱导标为黄底黑图形、无边框，形状为矩形，尺寸应符合表 16 的规定。线形诱导标的下缘至路面或路缘石的高度应不小于 1.2m，标志板应尽可能垂直于驾驶人的视线。

附录四 主要参考标准与规范

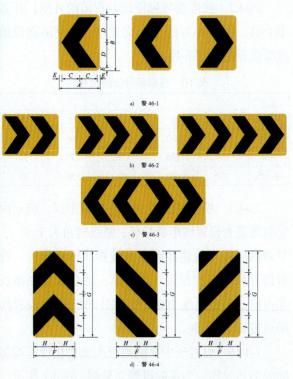

图 199 线形诱导标（警 46）

7.44.2 线形诱导标应设在弯道的外侧,环岛中心岛、视线不好的T形交叉口、中央隔离设施或渠化设施端部等处。

表 16 线形诱导标的尺寸

速度 (km/h)	尺寸(mm)				
	A	B	C	D	E
≥80	600	800	260	360	40
<80	400	600	170	270	30
最小值	220	400	90	180	20

7.44.3 根据路线转角、平曲线半径,确定曲线路段是否设置线形诱导标,路线转角大于7°、平曲线半径小的曲线路段宜设置线形诱导标。线形诱导标应至少设置3块,第一块应设置在曲线起点前,示例见图200 a)和图200 b)。设置间距可按表17选取。

7.44.6 设置于中央隔离设施或渠化设施端部的线形诱导标应为竖向设置,见图199 d)所示,其各部尺寸应符合表18的规定。

表 17 线形诱导标设置间距

速度（km/h）	71~100	40~70	<40
曲线半径（m）	211~380	120~210	<120
设置间距（m）	36~60	20~36	15~20

表 18 竖向设置的线形诱导标尺寸

符号	F	G	H	I
尺寸（mm）	600	1200	300	300

a) 平曲线

图 200

b) 匝道
图 200　线形诱导标设置位置示例

2.《道路交通标志和标线　第 3 部分：道路交通标线》（GB 5768.2—2009）

5.2.2　双黄实线作为禁止跨越对向车行道分

界线时,禁止双方向车辆越线或压线行驶。一般施划于单方向有两条或两条以上机动车道而没有设置实体中央分隔带的道路上,除交叉路口或允许车辆左转弯(或掉头)路段外,均应连续设置,可采用振动标线的形式。

5.2.3 黄色虚实线作为禁止跨越对向车行道分界线时,实线一侧禁止车辆越线或压线行驶,虚线一侧准许车辆暂时越线或转弯。越线行驶的车辆应避让正常行驶的车辆。

中心黄色虚实线可用作双向通行的三条机动车道道路的对向车行道分界线以及需要实行单侧禁止超车的其他道路的对向车行道分界线。

5.2.4 黄色单实线作为禁止跨越对向车行道分界线时,禁止双方向车辆越线或压线行驶。一般施划于单方向只有一条车道或一条机动车道和一条非机动车道道路、视距受限制的竖曲线、平曲线路段及有其他危险需要禁止超车的路段,可采用振动标线的形式。

5.3 禁止跨越同向车行道分界线

5.3.1 用于禁止车辆跨越车行道分界线进行变换车道或借道超车。

5.3.2 设于交通繁杂而同向有多条车行道的桥梁、隧道、弯道、坡道、车行道宽度渐变路段、交叉口驶入段、接近人行横道线的路段或其他认为需要禁止变换车道的路段。

5.3.3 本标线为白色实线，一般线宽为10cm或15cm，交通量非常小的农村公路、专属专用道路等特殊应用情况下，线宽可采用8cm，可采用振动标线的形式，如图62所示（图中箭头仅表示车流行驶方向）。

6.5.3 车行道减速标线设置于弯路、坡路、隧道洞口前、长下坡路段及其他需要减速的路段前或路段中的机动车行车道内，分为车行道横向减速标线和车行道纵向减速标线，可用振动标线的形式。

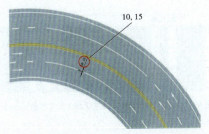

图 62　线 45　禁止跨越同向车行道分界线（尺寸单位：cm）

车行道横向减速标线为一组垂直于车道中心线的白色标线，线宽 45cm，线与线间距 45cm，如图 99 所示。车行道横向减速标线的设置间隔应使车辆通过各标线间隔的时间大致相等，以利于行驶速度逐步降低，减速度一般设计为 $1.8m/s^2$，可按表 7 的规定设置。车行道横向减速标线的设置示例如图 100 所示（图中箭头仅表示车流行驶方向）。

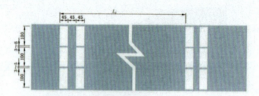

图 99 线 69 车行道横向减速标线（尺寸单位：cm）

表 7 车道横向减速标线的设置参数

减速标线	第二道	第三道	第四道	第五道	第六道
间隔（m）	$L_1=17$	$L_2=20$	$L_3=23$	$L_4=26$	$L_5=28$
标线条数(条)	2	2	2	2	2
减速标线	第七道	第八道	第九道	第十道及以上	—
间隔（m）	$L_6=30$	$L_7=32$	$L_8=32$	32	
标线条数(条)	3	3	3	3	

附录四 主要参考标准与规范

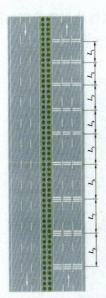

图 100 车行道横向减速标线设置例

车行道纵向减速标线为一组平行于车行道分界线的菱形块虚线,尺寸如图 101 所示。在车行道纵向减速标线的起始位置,设置 30m 的渐变段,菱形块虚线由窄变宽,渐变段尺寸如图 102 所示。

车行道纵向减速标线设置示例如图103所示(图中箭头仅表示车流行驶方向)。

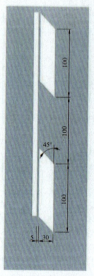 

图101 线70 车行道纵向减速标线(尺寸单位:cm)

图102 线71 车行道纵向减速标线渐变段(尺寸单位:cm)

附录四　主要参考标准与规范

图 103　车行道纵向减速标线设置例

6.6　立面标记

立面标记用以提醒驾驶人注意，在车行道或

近旁有高出路面的构造物。可设在靠近道路净空范围的跨线桥、渡槽等的墩柱立面、隧道洞口侧墙端面及其他障碍物立面上,一般应涂至距路面2.5m以上的高度。标线为黄黑相间的倾斜线条,斜线倾角为45°,线宽均为15cm。设置时应把向下倾斜的一边朝向车行道,如图104所示。

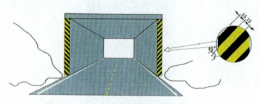

图104　线72　立面标记(尺寸单位:cm)

6.7　实体标记

实体标记用以给出道路净空范围内实体构造物的轮廓,提醒驾驶人注意。可设在靠近道路净空范围的上跨桥梁的桥墩、中央分隔墩、收费岛、实体安全岛或导流岛、灯座、标志基座及其他可

附录四 主要参考标准与规范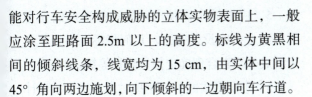

能对行车安全构成威胁的立体实物表面上,一般应涂至距路面2.5m以上的高度。标线为黄黑相间的倾斜线条,线宽均为15 cm,由实体中间以45°角向两边施划,向下倾斜的一边朝向车行道。

3.《公路工程技术标准》(JTG B01—2014)

10.2.4 公路路侧护栏设置应符合下列规定:

1 公路路侧净区的宽度不足时,应按护栏设置原则确定是否设置护栏。

2 桥梁与高路堤路段必须设置路侧护栏。

3 路侧有悬崖、深谷、深沟、江河湖泊等路段应设置路侧护栏。

4 高速公路和作为干线的一级公路,整体式断面中间带宽度小于或等于12m时,必须连续设置中央分隔带护栏。

5 应根据车辆驶出路外可能造成的伤害程度,结合公路设计速度、几何指标、交通量、交通组成等因素合理确定护栏防护等级。

6 不同形式的护栏相接时应进行过渡设计。

10.2.5 轮廓标的设置应符合下列规定:

1 高速公路、一级公路的主线及其互通式立体交叉,服务区、停车区等处的进出匝道、连接道、中央分隔带开口以及避险车道等应连续设置轮廓标。

2 二级及二级以下公路的视距不良路段、车道数或车道宽度有变化的路段及连续急弯陡坡路段宜设置轮廓标,其他路段视需要可设置轮廓标。

3 隧道内应设置轮廓标。

10.2.8 高速公路和一级公路应根据需要设置防眩设施。

10.2.9 连续长、陡下坡路段设置避险车道时,应设置配套的标志、标线及隔离、防护、缓冲等

附录四 主要参考标准与规范

安全设施。

10.2.10 为集散公路的一级公路，整体式断面中间带应设置隔离设施。

4.《公路路线设计规范》(JTG D20—2017)

7.3.2 圆曲线最小半径应根据设计速度，按表 7.3.2 确定。

表 7.3.2 圆曲线最小半径

设计速度 / km/h		120	100	80	60	40	30	20
圆曲线最小半径（一般值）(m)		1000	700	400	200	100	65	30
圆曲线最小半径（极限值）(m)	$I_{max}=4\%$	810	500	300	150	65	40	20
	$I_{max}=6\%$	710	440	270	135	60	35	15
	$I_{max}=8\%$	650	400	250	125	60	30	15
	$I_{max}=10\%$	570	360	220	115	—	—	—

注："一般值"为正常情况下的采用值；"极限值"为条件受限制时可采用的值；"I_{max}"为采用的最大超高值；"—"为不考虑采用对应最大超高值的情况。

8.2.1 公路的最大纵坡应不大于表 8.2.1 的规定，并应符合下列规定：

表 8.2.1 最大纵坡

设计速度（km/h）	120	100	80	60	40	30	20
最大纵坡（%）	3	4	5	6	7	8	9

1 设计速度为 120km/h、100km/h、80km/h 的高速公路，受地形条件或其他特殊情况限制时，经技术经济论证，最大纵坡可增加 1%。

2 改扩建公路设计速度为 40km/h、30km/h、20km/h 的利用原有公路的路段，经技术经济论证，最大纵坡可增加 1%。

3 四级公路位于海拔 2000m 以上或积雪冰冻地区的路段，最大纵坡不应大于 8%。

8.2.2 设计速度小于或等于 80km/h 位于海拔 3000m 以上高原地区的公路，最大纵坡应按表 8.2.2 的规定予以折减。最大纵坡折减后小于 4% 时应采用4%。

表 8.2.2 高原纵坡折减值

海拔高度（m）	3000~4000	4000~5000	5000以上
纵坡折减（%）	1	2	3

8.2.3 公路纵坡不宜小于0.3%。横向排水不畅的路段或长路堑路段，采用平坡（0%）或小于0.3%的纵坡时，其边沟应进行纵向排水设计。

8.2.4 桥上及桥头路线的纵坡应符合下列规定：

1 小桥处的纵坡应随路线纵坡设计。

2 桥梁及其引道的平、纵、横技术指标应与路线总体布设相协调、各项技术指标应符合路线布设的规定。大、中桥上的纵坡不宜大于4%，桥头引道纵坡不宜大于5%，引道紧接桥头部分的线形应与桥上线形相配合。

3 易结冰、积雪的桥梁，桥上纵坡宜适当减小。

4 位于城镇混合交通繁忙处的桥梁，桥上及桥头引道纵坡均不得大于3%。

8.2.5 隧道及其洞口两端路线的纵坡应符合下列规定：

1 隧道内的纵坡应大于 0.3% 并小于 3%，但短于 100m 的隧道不受此限。

2 高速公路、一级公路的中、短隧道，当条件受限制时，经技术经济论证后，最大纵坡可适当加大，但不宜大于 4%。

3 隧道内的纵坡宜设置成单向坡；地下水发育的隧道及特长、长隧道宜采用人字坡。

8.3.4 二级公路、三级公路、四级公路的越岭路线连续上坡或下坡路段，相对高差为 200~500m 时，平均纵坡应不大于 5.5%；相对高差大于 500m 时，平均纵坡应不大于 5%。任意连续 3km 路段的平均纵坡宜不大于 5.5%。

8.3.5 高速公路、一级公路连续长、陡下坡路段的平均坡度与连续坡长不宜超过表 8.3.5 的规定；超过时，应进行交通安全性评价，提出路段速度控制和通行管理方案,完善交通工程和安全设施,并论证增设货车强制停车区。

表 8.3.5 连续长、陡下坡的平均坡度与连续坡长

平均坡度（%）	<2.5	2.5	3.0	3.5	4.0	4.5	5.0	5.5	6.0
连续坡长（km）	不限	20.0	14.8	9.3	6.8	5.4	4.4	3.8	3.3
相对高差（m）	不限	500	450	330	270	240	220	210	200

8.5.1 公路最大合成坡度值不得大于表 8.5.1 的规定。

表 8.5.1 公路最大合成坡度

公路技术等级	高速公路、一级公路				二级公路、三级公路、四级公路				
设计速度（km/h）	120	100	80	60	80	60	40	30	20
合成坡度值（%）	10.0	10.0	10.5	10.5	9.0	9.5	10.0	10.0	10.0

8.5.2 当陡坡与小半径平曲线相重叠时,宜采用较小的合成坡度。下列情况其合成坡度必须

小于8%：

　　1　冬季路面有结冰、积雪的地区；

　　2　自然横坡较陡峻的傍山路段；

　　3　非汽车交通量较大的路段。

5.《公路交通安全设施设计规范》(JTG D81—2017)

　　6.2.10　设置路基护栏的防护等级应符合表6.2.10的规定。

表6.2.10　路基护栏防护等级的选取

公路等级	设计速度（km/h）	事故严重程度等级		
		低	中	高
高速公路	120	三(A、Am)级	四(SB、SBm)级	六(SS、SSm)级
	100、80			五(SA、SAm)级
一级公路	60	二(B、Bm)级	三(A、Am)级	四(SB、SBm)级
二级公路	80、60		三(A)级	

附录四 主要参考标准与规范

续上表

公路等级	设计速度（km/h）	事故严重程度等级		
		低	中	高
三级公路、四级公路	40	一 (C) 级	二 (B) 级	三 (A) 级
	30、20		一 (C) 级	二 (B) 级

注：括号内为护栏防护等级的代码。

6.2.11 存在下列情况时，导致事故发生可能性增加或后果更严重的路段，宜在表 6.2.10 的防护等级上提高 1 个等级：

1 二级及二级以上公路纵坡等于或接近于现行《公路工程技术标准》（JTG B01）规定的最大纵坡值的下坡路段；二级及二级以上公路圆曲线半径等于或接近于现行《公路工程技术标准》（JTG B01）规定的最小半径的路段外侧。

2 设计交通量中，总质量大于或等于 25t 的车辆自然数所占比例大于 20% 时。

6.2.13 迎交通流的护栏端头应按下列方法进行外展或设置缓冲设施：

1 外展至土路肩宽度范围外;具备条件时,宜外展至计算净区宽度外。

2 位于填挖交界时,应外展并埋入挖方路段不构成障碍物的土体内。

3 无法外展时,高速公路、一级公路及作为干线的二级公路应按本规范第 6.5.1 条和第 6.5.2 条的规定设置防撞端头,或在护栏端头前设置防撞垫;作为集散的二级公路及三级、四级公路宜采用地锚式端头,并进行警示提醒或设置立面标记。

4 作为干线的二级公路,宜考虑车辆碰撞对向车行道护栏下游端头的可能性。

6.2.14 不同防护等级或不同结构形式的护栏之间连接时,应进行过渡段设计。护栏过渡段的防护等级应不低于所连接护栏中较低的防护等级。

6.2.18 大型车辆所占比例较大的路段,除位于冬季风雪较大的地区外,中央分隔带护栏宜使

附录四　主要参考标准与规范

用混凝土护栏。

6.4.2　中央分隔带开口护栏防护等级宜与相邻路段保持一致。线形良好路段经论证可低于相邻路段 1~2 个等级，但高速公路中央分隔带开口护栏不得低于三（Am）级。

1　未进行安全处理的位于公路计算净区宽度内的路侧护栏，其上游端部应设置防撞垫或防撞端头。

12.6.1　凸面镜可用于公路会车视距不足的小半径弯道外侧。

12.6.2　凸面镜宜与视线诱导设施配合使用。

6.《城镇化地区公路工程技术标准》（JTG 2112—2021）

4.2.2　非机动车车道宽度不应小于表 4.2.2 的规定。

表 4.2.2　非机动车车道宽度

车辆种类	自行车	三轮车
车道宽度（m）	1.0	2.0

4.2.3　设计速度大于等于 50km/h 时，机动车与非机动车不宜混行。四级公路非机动车与机动车混行时，路面最小宽度可采用 4.0m；三轮车较多时，路面最小宽度可采用 5.0m。

4.2.4　人行道宽度不应小于 1.5m，局部路段空间受限时，不得小于 1.2m。人行道与非机动车道合并设置时，宽度可采用表 4.2.4 的规定。

表 4.2.4　人行道与非机动车道合并设置的宽度

车辆种类	自行车	三轮车
宽度（m）	2	3

9.1.2　护栏设置应符合下列规定：

1　一级公路速度为 100km/h，且整体式断面中间带实际净区宽度小于或等于《公路交通安全设施设计规范》（JTG D81—2017）附录 A 规定的计算净区宽度时,应设置中央分隔带护栏。

2 高速公路、一级公路的主路、辅路之间净区宽度范围内,高差大于3m且边坡陡于1:3.5时,高的一侧应设置护栏。

3 公路上跨城市道路、轨道交通,或净区宽度范围内与轨道交通并行,应设置路侧护栏。

9.1.3 隔离设施设置应符合下列规定:

1 设置慢车道的二级公路,设计速度80km/h时宜设置隔离设施分隔对向交通。

2 设计速度大于或等于60km/h且设置非机动车道时,宜设置隔离设施分隔机动车与非机动车交通。

3 中央分隔带、侧分隔带上可设置阻碍非机动车及行人横过公路的隔离设施。

4 有行人或非机动车跌落危险的区域应设置人行栏杆。

9.1.4 中央分隔带、侧分隔带开口处,应保证视距,妨碍视距的护栏、隔离设施、绿化等应移除或进行处理。

参考文献

[1] 中华人民共和国交通运输部.道路交通标志和标线 第2部分：道路交通标志：GB 5768.2—2022［S］.北京：中国标准出版社，2022.

[2] 全国交通工程设施（公路）标准化技术委员会.道路交通标志和标线 第3部分：道路交通标线：GB 5768.2—2009［S］.北京：中国标准出版社，2009.

[3] 中华人民共和国交通运输部.公路工程技术标准：JTG B01—2014［S］.北京：人民交通出版社股份有限公司，2014.

[4] 中华人民共和国交通运输部.公路路线设计规范：JTG D20—2017［S］.北京：人民交通出版社股份有限公司，2017.

[5] 中华人民共和国交通运输部.公路交通安全设施设计规范：JTG D81—2017[S].北京：人民交通出版社股份有限公司，2017.

[6] 中华人民共和国交通运输部.城镇化地区公路工程技术标准：JTG 2112—2021[S].北京：人民交通出版社股份有限公司，2021.

策划编辑：何　亮　杨丽改
责任编辑：杨丽改　姚　旭
封面设计：房　彬　王红锋

普通公路安全隐患
排查治理指南

平交路口篇	穿村过镇篇
√ 弯坡路段篇	不良路段组合篇
隧道篇	施工路段篇
路侧险要篇	……

交通言究社

运管人员的
专业知识助手

官方微店

官方微信公众号

ISBN 978-7-114-19543-3

定价：25.00元